RAPPORT

SUR LA

PRESSE PÉRIODIQUE

DÉPARTEMENTALE.

Imprimerie Delaforest (Morinval),
34, rue des Bons-Enfans.

RAPPORT

SUR LA

PRESSE PÉRIODIQUE

DÉPARTEMENTALE,

PENDANT

LES HUIT PREMIERS MOIS

DE L'ANNÉE 1832.

RÉDIGÉ ET PUBLIÉ

Par J. Bresson et Bourgoin,

DIRECTEURS DE *L'OFFICE-CORRESPONDANCE*

POUR LES JOURNAUX FRANÇAIS ET ÉTRANGERS.

PARIS.

AUX BUREAUX DE L'ADMINISTRATION

DE L'OFFICE-CORRESPONDANCE,

RUE NOTRE-DAME-DES-VICTOIRES, N⁰. 16;

CHEZ FERET, PALAIS-ROYAL, GALERIE DE NEMOURS, N⁰. 25;

ET CHEZ TOUS LES LIBRAIRES DE FRANCE

ET DE L'ÉTRANGER.

SEPTEMBRE 1832.

RAPPORT

SUR LA

PRESSE PÉRIODIQUE

DÉPARTEMENTALE,

PENDANT

LES HUIT PREMIERS MOIS

DE L'ANNÉE 1832,

La civilisation moderne, cette source d'où découlent tous les droits politiques dont jouissent les hommes, a pour base unique la liberté de la presse ; sentinelle avancée qui protège et défend avec la même impartialité et la même énergie toutes les classes de la société. Traversant avec la rapidité de l'éclair toutes les distances, il ne lui faut que quelques heures pour dénoncer les abus du pouvoir commis à cent lieues du centre où résident les premiers fonctionnaires de l'Etat. Forte de l'assentiment universel, elle a besoin de moins de temps pour réparer le mal qu'on en a mis à l'exécuter; protectrice de tous les intérêts, ils se rallient et se groupent à sa voix. Le citoyen le plus obscur, injustement persécuté, n'a qu'à confier sa défense à la presse périodique, et aussitôt trente-deux millions de Français se lèvent et combattent pour lui. Le fonctionnaire public, toujours en présence de cette gardienne vigilante, n'agira plus que suivant les termes de la loi; il reculera devant toute tentative d'acte arbitraire, comme devant la pensée d'un crime que la publicité va répandre dans toutes les parties du monde. C'est à la liberté de la presse qu'est due la seule égalité civile qui soit possible, puisque, au moyen des journaux, le faible trouve partout des partisans prêts à le soutenir ; c'est une sorte de communauté qui existe entre l'innocence qui a besoin d'être secourue et la force qui défend tout ce qu'on veut opprimer.

La mission de la presse n'est pas non plus de toujours attaquer le pouvoir ; son objet essentiel est de représenter l'opinion générale, et quand l'autorité est attaquée dans ses fondemens par des principes subversifs, c'est encore la presse qui vient maintenir l'ordre légal par une sage polémique et par des argumens irrésistibles.

L'intérêt de la France réclamait que quatre-vingt-cinq départemens ne fussent point soumis au bon plaisir d'un seul, et que la presse parisienne ne vînt point imposer son joug à toutes nos provinces : Paris, ou pour mieux dire, ses écrivains quotidiens se trompaient-ils, les meilleurs esprits dans les départemens étaient obligés de baisser la tête sous une imposante erreur, qui avait pour elle le passeport de la capitale. C'était là un grand mal, dont les conséquences funestes ne pouvaient jamais être assez évaluées, tant elles étaient profondément étendues.

Des écrivains de talent et de génie
que renferment nos villes de France
ont eu l'heureuse idée de se réunir :
ils ont établi à leur tour des journaux,
véritables tribunes publiques ; ils ont
su se faire écouter, et de cette manière
ils ont ramené dans des bornes natu-
relles cette influence excessive qu'exer-
çaient les journaux de Paris.

La presse départementale n'a fait
de véritables progrès que du moment
où elle a eu un point de ralliement
d'où est né un certain ensemble et des
résultats conformes aux intérêts de
tous les départemens, qui étaient
étouffés par la centralisation, plaie
dévorante de l'état social actuel.

Ce serait se tromper bien étrangement que de croire aux journaux la puissance de créer des opinions nouvelles dont la propagation serait dangereuse pour la stabilité de l'ordre social ; en réunissant toutes leurs forces ils ne pourraient jamais atteindre un pareil résultat.

Les opinions quelles qu'elles soient sont toujours préexistantes aux journaux qui n'ont d'autre mission que de les répandre ; aussi faut-il qu'une espèce de conviction générale existe avant que les feuilles publiques en deviennent les échos ; autrement les propriétaires et les rédacteurs perdraient les uns leurs capitaux, les autres l'emploi qu'ils font de leurs talens.

Nous en avons eu un exemple mémorable au début de la révolution de juillet : alors une carrière immense et pour ainsi dire infinie s'est trouvée ouverte à toutes les opinions ; il semblait qu'il y avait rivalité ouverte entre les lecteurs et les écrivains : c'était à qui exposerait les idées les plus extraordinaires, les plus nouvelles et les plus gigantesques. Dans de pareilles circonstances, les Saint-Simoniens imaginèrent d'acheter un journal qui avait déjà une réputation faite. Ils répandirent alors par la presse quotidienne les doctrines qui leur sont particulières, doctrines qui semblaient devoir plaire aux masses, puisqu'elles appelaient les pauvres à venir s'emparer des biens des riches ; mais l'esprit pu-

blic repoussait une réforme qui devait tout bouleverser.

Le Globe des Saint-Simoniens ne
compta d'abord qu'un petit nombre
d'abonnés, qui successivement s'éloi-
gnèrent ; alors on eut recours à un
moyen extraordinaire, le journal fut
envoyé *gratis :* une dépense aussi con-
sidérable fut soutenue pendant près
d'une année ; mais les Saint-Simoniens ne purent fermer plus long-
temps les yeux à l'évidence ; après
qu'ils eurent la preuve que leur journal, même envoyé *gratis,* n'était pas
lu, ils furent forcés d'en suspendre la
publication. Un fait aussi éclatant dé-
montre sans réplique qu'il faut que des
opinions soient d'abord goûtées et ré-

pandues dans un grand nombre d'esprits avant que des journaux s'y
rallient ; ce qui répond aux attaques violentes de certaines personnes
contre la propagation des feuilles périodiques.

Quant à cette diversité de doctrines
que les journaux établissent chaque
matin , loin d'être un mal, elle est un
bienfait pour le pays. Si tous les journaux étaient divisés en deux camps
parfaitement distincts , il en résulte-
rait que le parti qui emporterait la
victoire suivrait un système d'oppres-
sion vis-à-vis du vaincu ; que des
réactions en seraient les conséquences.
Mais il n'en est pas ainsi ; la diversité
des opinions que défendent les jour-

naux les maintient tous dans une sorte d'équilibre salutaire.

La presse départementale exerce une influence tellement utile (1), que les

(1) Le crédit public ne s'est relevé que du moment où les Journaux des Départemens ont donné plus en détail la cote et le mouvement des Fonds publics de la Bourse de Paris ; alors il s'est trouvé un grand nombre de Capitalistes de province qui ont fait acheter des inscriptions concurremment avec les Banquiers et Capitalistes de Paris , et le prix de la rente et des emprunts a été ainsi élevé ; mais il reste encore un grand pas à faire. Lyon a montré l'exemple, on y vend et achète les rentes de l'état comme à la Bourse de Paris ; à Bordeaux, les Agens-de-Change s'occupent de régulariser les négociations des effets publics ; pourquoi trouve-t-on tant de difficultés de la part de l'autorité pour les grandes villes de France telles que Lille, Rouen , Nantes , Marseille , Strasbourg, etc? Le gouvernement a fait créer des petits Grands-Livres pour faciliter les transferts des inscriptions de rentes sur l'état dans chaque chef-lieu de département, et il accorde avec peine l'autorisation de négocier à la

nuances diverses de l'opposition ne s'en sont pas seules emparées ; le pouvoir a aussi bien l'instinct de sa conservation que les partis de l'opposition ont

---

Bourse dans les villes départementales ces mêmes rentes, par l'entremise de leurs Agens-de-Change , Officiers publics versant cautionnement et offrant toutes les garanties désirables.

Nous le répétons, à quoi sert d'avoir permis de transférer des rentes dans les grandes villes de France , si dans ces mêmes villes on ne peut vendre et acheter ; car la possibilité de transférer devient nulle par le fait s'il n'y a pas aussi la possibilité de vendre et d'acheter ; c'est sur ce point essentiel que nous appelons principalement l'attention de l'autorité dans l'intérêt des habitans des départemens , et dans l'intérêt du crédit public , qui sera plus florissant quand on pourra sur tous les points du royaume traiter les opérations en fonds publics , et éviter aux personnes éloignées de Paris l'embarras d'envoyer des procurations pour agir en leurs noms , et la diminution de leur capital , par la perte de change de place , qu'entraîne une transaction faite dans une ville éloignée.

l'instinct de leurs intérêts ; du jour où ceux-ci ont trouvé dans chaque localité des organes énergiques et éclairés, le pouvoir a cherché à être aussi défendu par la presse, et dans cette lutte il l'a été souvent avec habileté. Il a même participé à la progression de la presse départementale en se servant des journaux pour répondre aux attaques dirigées contre lui ; en employant les mêmes armes que ses adversaires, il est entré franchement dans une lice où toutes les fois qu'on a raison, on est toujours certain d'avoir le public de son côté, avantage inappréciable que ne donneront jamais les mesures de répression, lors même que le cas est urgent et autorisé par la loi.

Quant à nous, en fondant l'établissement de l'Office-Correspondance, nous n'avons eu qu'une seule pensée, c'était de créer à Paris une administration qui fût consacrée tout entière au triomphe de la presse départementale : nous l'avons soutenue avec un dévouement sans bornes; dans ses premiers efforts, il importait que rien ne divergeât : tout essai infructueux était condamné à périr promptement.

La création d'un journal de département était hérissée de difficultés : il fallait un centre d'action qui pût propager à-la-fois les moyens de réussite sur tous les points de la France. On ne pouvait recourir à une école normale pour former des rédacteurs de

journaux ; tous seraient partis d'un
même point, portant les mêmes idées,
le même degré d'instruction et peut-
être quelques préjugés semblables.
L'Office-Correspondance, centre d'action des progrès de la presse départementale, a fait plus ; grâce à son
influence, il a déterminé dans les départemens le choix d'hommes aptes à
administrer et à rédiger une feuille
périodique ; ceux-ci sont venus au secours des citoyens généreux qui fon-
daient un journal : le rédacteur a donc
été un homme du pays ; lui seul con-
naissait les localités, l'esprit, les
mœurs, les usages et les ressources de
son département : mais il pouvait
manquer d'expérience dans l'art de

gérer un journal ; il a donc été aidé au moment où il avait le plus besoin de conseils ; il a passé ainsi sans difficulté les commencemens, qui en général sont pénibles et dispendieux.

L'Office-Correspondance a aussi envoyé les modèles et les instructions nécessaires pour la rédaction des actes de société, indispensables pour régler d'une manière juste et certaine les droits et les intérêts des Gérans et des Actionnaires.

Par ses nombreuses relations cet Établissement a mis en communication directe les Journaux des divers Départemens, en favorisant les échanges réciproques de leurs feuilles, ce qui s'est trouvé également utile aux deux contractans qui faisaient ainsi échange de pensées, de faits et de nouvelles également instructives pour les deux parties, engagées par des liens mutuels qui ne nécessitaient aucune dépense nouvelle.

L'Office-Correspondance a aussi toujours eu pour objet essentiel de fournir à chaque Journal de Département, une fraction complémentaire de rédaction faite sur des documens puisés à de hautes sources, en ce qui concerne les événemens et faits politiques, littéraires et scientifiques, qui se passent à Paris et dans les Pays étrangers, de telle sorte que la connaissance des nouvelles parvient dans les localités départementales vingt-quatre ou quarante-huit heures avant l'arrivée des feuilles politiques de Paris dans les mêmes villes; car faisons bien observer ici que les habitans des départemens sont avides de connaître tout ce qui arrive de remarquable dans la capitale, qu'ils en font l'application à leur localité; et c'est avec cet esprit d'étude et de recherche que les Journaux de province sont destinés à propager, que les habitans des départemens arriveront à porter chez eux l'instruction et le savoir au même degré que dans la métropole.

Les Directeurs de l'Office-Correspondance se sont encore imposé de nouveaux devoirs vis-à-vis de la Presse départementale, qui s'adressait non en vain toujours à eux; ils ont voulu aussi, pour consolider les Journaux des Départemens, concourir à leur succès sous le rapport financier tout en favorisant l'industrie et le commerce dans toute l'étendue de la France; on voit déjà que nous voulons parler des nombreuses Annonces qui sont expédiées de Paris et des Départemens du nord aux Journaux des Départemens du midi, et qui sont envoyés de Paris et du midi aux Journaux des Départemens du nord; ces Annonces commerciales, dont le montant est payé à bureau ouvert par l'Office-Correspondance, font un revenu réel à chaque feuille de département.

Le simple récit de ces détails suffira

sans doute pour faire évanouir les reproches de centralisation qu'on avait faits injustement à L'OFFICE-CORRESPONDANCE, véritable centre de communication, et non centre de concentration.

Les développemens que la Presse départementale a pris depuis environ huit mois, sont tels qu'ils méritent de fixer l'attention de tous les esprits réfléchis; et pour en apprécier l'importance nous ne croyons pas pouvoir mieux faire que de rapporter ses améliorations successives par ordre alphabétique de département, depuis le 1er. janvier jusqu'au 31 août 1832.

AISNE (Département de l').

Saint-Quentin. — *Le Guetteur*, journal consacré à la politique, au commerce, à la littérature, etc., sans augmenter le nombre de ses publications, fixées aux jeudi et dimanche de chaque semaine, a agrandi son format et beaucoup étendu le plan de sa rédaction.

ALLIER (Département de l').

Moulins. — Nous apprenons qu'au 1er. septembre prochain, il paraîtra en cette ville un nouveau journal intitulé *le Mémorial politique, littéraire et industriel de l'Allier*. Le nombre de ses publications a été fixé à deux fois par semaine.

AUBE (Département de l'A).

Troyes. — *Le Progressif de l'Aube*, fondé en 1831, qui ne paraissait que de deux jours l'un, a augmenté ses jours de publication, en les étendant à tous les jours, le lundi excepté.

Le Journal de l'Aube a aussi étendu le nombre de ses jours de publications, en les portant à tous les jours, excepté le lundi; auparavant il ne paraissait que de deux jours l'un.

AVEYRON (Département de).

Rodez. — Le 1er. février a vu paraître le premier numéro de *la Gazette du Rouergue*, dont les jours de publication ont été fixés à deux fois la semaine, les mercredi et samedi.

Vers la même époque, *le Bulletin*

de l'Aveyron, qui n'était qu'une simple feuille d'annonce, s'est déclaré *Journal de l'Aveyron*, et il a augmenté ses jours de publication, en les fixant aux mercredi et samedi, c'est-à-dire même nombre et mêmes jours d'apparition que *la Gazette du Rouergue*.

BOUCHES - DU - RHONE
(DÉPARTEMENT DES).

MARSEILLE — *Le Garde National*, journal de cette ville, a beaucoup agrandi son format, étendu le cadre de sa rédaction, le nombre et la variété de ses nouvelles.

CALVADOS (DÉPARTEMENT DU).

LISIEUX. — *Le Lexovien* a changé son format in-8°, en celui d'in-folio,

ce qui lui permet d'augmenter beaucoup la quantité des matières traitées
dans ses colonnes.

CHER (Département du).

Bourges. — *Le Berruyer* a changé
son titre et pris celui de *Gazette du
Berry*, politique et d'annonces.

DORDOGNE (Départ. de la).

Périgueux. — *Le Narrateur Péri-
gourdin*, qui ne paraissait que deux
fois la semaine, a, au mois de mars
1832, changé son titre en prenant celui de *Gazette du Périgord et du Bas-
Limousin*, en annonçant que, dans
l'intervalle d'une session à l'autre, il
paraîtrait toujours deux fois la semaine ; mais que, pendant la session

des Chambres , il publierait trois numéros par semaine.

DOUBS (Département du).

Besançon. — *Le Patriote Franc-
Comtois* a paru au commencement
de l'année 1832 ; il a fixé ses jours de
publication à trois fois par semaine,
les mercredi, vendredi et dimanche.

DROME (Département de la).

Valence. — Le 1er. mai 1832 a
paru le premier numéro du *Courrier
de la Drôme et de l'Ardèche*, journal
politique, commercial, administratif,
littéraire et feuille d'affiches contenant
les annonces judiciaires et avis divers.
Ce journal a trois publications par semaine, les mardi, jeudi et dimanche.

FINISTÈRE (Département du).

Brest. — Le 1er. août 1832, nous avons vu publier en cette ville *le Brestois*, journal politique, commercial, maritime et littéraire, qui imprime trois numéros par semaine, les lundi, mercredi et vendredi.

GARONNE (Dép. de la Haute-).

Toulouse. — Au mois de janvier dernier a été créé *le Patriote de Juillet*, journal politique qui paraît tous les deux jours.

GIRONDE (Département de la).

Bordeaux. — Une nouvelle feuille périodique vient d'être publiée en cette ville sous le titre de *Boussole du Commerce de Bordeaux*, journal des intérêts commerciaux, industriels et agricoles ; il paraît tous les jours, excepté les lundis et jours fériés à la Bourse.

JURA (Département du).

Lons-le-Saulnier. — Le 4 janvier 1832 a paru le premier numéro de *la Sentinelle du Jura*, journal politique, littéraire, commercial et agricole. Cette feuille paraît les mercredi et samedi de chaque semaine.

LOIRE (Département de la).

Saint-Étienne. — Le 3 juin a été publié *le Vulcain*, journal de Saint-Étienne et de la Loire, offrant dans un cadre concis tout ce qui est relatif aux dénominations suivantes : Littérature, Commerce, Industrie, Agriculture, Statistique, Modes, Théâtres, Annonces judiciaires, Avis et Faits divers. Cette feuille périodique paraît tous les dimanches.

MEURTHE (Départ. de la).

Nancy. — Au mois d'avril 1832 a été publié le premier numéro du *Patriote de la Meurthe*, qui ne devait d'abord paraître que trois fois la semaine, et qui s'est déterminé de suite à imprimer un numéro tous les deux jours.

Le Journal de la Meurthe, qui ne publiait que trois numéros par semaine, les mardi, vendredi et dimanche, paraît tous les deux jours, depuis le 5 avril 1832.

MEUSE (Département de la).

Verdun. — Le 4 juillet il a paru un

nouveau journal, sous le titre de *la Sentinelle de la Meuse*, feuille politique, commerciale et littéraire, Annonces judiciaires et Avis divers, paraissant les mercredi et samedi.

Le 7 juillet un autre journal a lancé son premier numéro ; il est intitulé : *l'Industriel, journal des Progrès*. Ses jours de publication sont tous les samedis.

NIÈVRE (Département de la).

Nevers. — *Le Journal de la Nièvre* a fait subir un changement à son titre, en prenant celui de *la Sentinelle de la Nièvre*, journal politique, littéraire, industriel et judiciaire ; en même temps il a agrandi son format.

NORD (Département du).

Douai. — *L'Indicateur du Nord*, qui paraît les mardi, jeudi et samedi, a pris pour titre principal *le Libéral*, en conservant toujours la dénomination d'*Indicateur du Nord*, et il a agrandi son format.

Lille. — *L'Argus du Nord*, a pris pour nouveau titre *le Nord, Journal Constitutionnel de Lille*; il a beaucoup agrandi son format, et sa rédaction est devenue plus étendue et plus variée.

OISE (Département de l').

Beauvais. — Le *Journal de l'Oise*, qui ne paraissait que les mardi et vendredi, publie maintenant trois numéros par semaine, les mercredi, vendredi et dimanche.

ORNE (Département de l').

Alençon.—Le *Journal d'Alençon*, qui ne paraissait qu'une fois la semaine, a commencé à publier deux numéros par semaine à partir du 1er. janvier 1832 ; chaque semaine, à un des numéros il était joint un bulletin autographié sous ce titre : *le Petit Glaneur Normand, supplément au Journal d'Alençon ;* faute d'encouragement et de secours pécuniaires suffisans, ce journal, fort utile dans un département privé d'organe périodique, n'a pu continuer à paraître deux fois la semaine : il a été ainsi réduit à ne pu-

blier qu'un seul numéro par semaine ;
nous espérons qu'avant peu il recevra
les moyens de mettre à exécution son
plan d'agrandissement.

PAS-DE-CALAIS (Dép. du).

Arras. — Le *Courrier du Pas-de-Calais*, qui en 1831 ne paraissait que trois fois la semaine, a commencé le 1er. janvier 1832 à publier un numéro de deux jours l'un.

Le Propagateur, qui ne faisait que trois publications par semaine avant le 1er. janvier 1832, a commencé à cette même époque sa périodicité de deux jours l'un.

Béthune. — *Les Petites Affiches* de cette ville ont étendu leur format

3..

et pris pour titre : *la Revue Artésienne*; elle paraît le mercredi de chaque semaine.

CALAIS. — Le 2 juin 1832 a paru le premier numéro de l'*Industriel Calaisien*, journal des progrès, du commerce, de la littérature et des arts ; cette feuille paraît tous les samedis.

SAINT-OMER. — Le *Mémorial Artésien*, journal de la littérature, des sciences et des arts, feuille d'affiches et annonces judiciaires, commerciales, etc., qui ne paraissait qu'une fois la semaine, a doublé le nombre de ses publications en imprimant un numéro le dimanche et le jeudi de chaque semaine.

RHIN (Département du Bas-).

Strasbourg.—Le 1er. juillet 1832 a paru le premier numéro du *Journal du Haut et Bas-Rhin*, qui est quotidien, d'un grand format et divisé en deux colonnes : l'une contenant le texte français, et l'autre le texte allemand, que l'on parle également dans toute l'Alsace.

Le *Courrier du Bas-Rhin*, qui ne paraissait que cinq fois la semaine (les dimanche, mardi, jeudi, vendredi et samedi), a augmenté ses publications en paraissant tous les jours, excepté le lundi.

RHONE (Département du).

Lyon.— Le 1er. janvier 1832 nous

avons vu paraître le premier numéro du *Courrier de Lyon*, journal politique, industriel et littéraire. Cette feuille est quotidienne.

Le Précurseur, journal constitutionnel de Lyon et du Midi, qui ne paraissait que six fois la semaine, est devenu quotidien.

SAONE-ET-LOIRE (Dép. de).

Chalons-sur-Saône. — Le 3 juillet 1832 a paru dans cette ville le premier numéro du *Drapeau Tricolore*, journal constitutionnel de Saône-et-Loire. Cette feuille paraît les mardi et vendredi.

SARTHE (Département de la).

Le Mans. — Au mois de janvier

1832, nous avons vu paraître la *Gazette du Maine*, qui a cessé ses publications par suite des événemens de la
Vendée et de l'Ouest.

Le 16 juin a été publié le premier
numéro de *l'Ami des Lois*, journal
de la Sarthe et de la Mayenne; ses publications ont été fixées à trois fois la
semaine, les lundi, mercredi et samedi.

SEINE - INFÉRIEURE
(Département de la).

Rouen. — *L'Écho de la Seine-Inférieure*, journal politique, littéraire
et commercial, a étendu son format
et fait subir un changement à son titre,
en lui donnant celui de : *l'Écho de
Rouen et de la Seine-Inférieure*.

Havre. — Le 27 juillet nous avons vu paraître le premier numéro de *l'Estafette du Havre*, journal politique et commercial, paraissant tous les jours, excepté le dimanche.

Dieppe. — La *Feuille*, ou *Journal de Dieppe et de l'Arrondissement*, a changé et agrandi son format ; elle paraît le jeudi et le samedi de chaque semaine.

SEINE-ET-OISE (Dép. de).

Versailles. — *Le Vigilant*, journal politique de Seine-et-Oise, qui ne paraissait qu'à huit jours d'intervalle, a doublé le nombre de ses publications, en imprimant un numéro de quatre jours l'un.

SOMME (Département de la).

Amiens. — *La Sentinelle Picarde*, qui ne paraissait qu'une fois la semaine, a agrandi son format et porté ses publications à deux fois la semaine, les samedi et mercredi.

VAR (Département du).

Toulon. — Le 8 mai a paru le prémier numéro de *l'Eclaireur de la Méditerranée*, journal maritime, politique et littéraire de Toulon et du Midi, et feuille contenant les Annonces judiciaires et Avis divers. Ce journal paraît trois fois par semaine, les mardi, jeudi et samedi : il est placé sur un point important de la France.

L'*Aviso de la Méditerranée*, journal de Toulon et du Var, qui ne paraissait que deux fois la semaine, le mercredi et le samedi, a changé son titre et intitulé sa feuille : *Aviso de la Méditerranée, journal des Patriotes de Toulon et du Var;* en même temps il a augmenté le nombre de ses publications, en les portant à trois fois la semaine, les mercredi, vendredi et dimanche.

VIENNE (Département de la).

Poitiers. — *Le Nouveau Patriote de l'Ouest* dont la publication avait été interrompue pendant quelque temps, a commencé à reparaître au mois de février 1832 pour ne plus s'interrompre. Il imprime un numéro le jeudi de chaque semaine.

VIENNE (Dép. de la Haute-).

Limoge. — *Le Contribuable*, qui ne paraissait qu'une fois la semaine, a pris pour titre : *le Nouveau Contribuable*, journal de la Haute-Vienne et de la Corrèze, et en même temps il a augmenté le nombre de ses publications, en imprimant deux numéros par semaine, les mercredi et samedi.

COLONIE FRANÇAISE.

Alger. — Les autorités de cette ville ont ordonné la publication d'un journal français-arabe, intitulé *Moniteur Algérien*, journal officiel de la

colonie : Annonces judiciaires, admi-
nistratives, commerciales et maritimes.
Le premier numéro a paru le 27 janvier 1832.

Il résulte de cet état de la presse départementale, depuis le 1er. janvier
1832, savoir :

1o. Il paraît vingt-quatre nouveaux
journaux, dont :

> 4 quotidiens,
> 2 de deux jours l'un,
> 5 trois fois la semaine,
> 8 deux fois la semaine,
> 5 une fois la semaine.

Report. 24

   2º. 13 Journaux ont augmenté
      leurs jours de publication.

   3º. 8 Journaux ont agrandi
      leur format.
____

TOTAL. 45 Journaux.

Ainsi l'amélioration de la presse départementale porte sur quarante-cinq journaux.

Il est à remarquer que quatre nouveaux journaux quotidiens ont paru dans les départemens : le *Courrier de Lyon*, le *Journal du Haut-et-Bas-Rhin*, l'*Estafette du Havre*, la *Boussole du Commerce de Bordeaux*; d'un autre côté, six journaux quotidiens ont cessé de paraître dans la capitale :

le Globe, *le Publicateur*, *le Sténo-
graphe*, *le Mouvement* (1), *le Français*, *l'Opinion*.

Ainsi, à Paris, la presse périodique
a perdu six journaux quotidiens, tandis
que dans les départemens elle en a ac-
quis quatre, et qu'en outre vingt autres
journaux non quotidiens ont été créés,
et vingt-un autres s'agrandissaient ou
augmentaient le nombre de leurs publications.

Nous pouvons ajouter que, dans
beaucoup de villes, les hommes les
plus recommandables s'occupent à or-
ganiser de nouveaux journaux, et

____

(1) Ce dernier s'est réuni à *la Tribune*, qui a
pris pour titre : *la Tribune du mouvement*.

qu'un grand nombre de demandes ont été adressées à ce sujet à l'Office-Correspondance qui s'occupe activement de leur procurer tous les renseignemens et les moyens nécessaires pour hâter ces publications périodiques.

Au moment où tous les départemens, poussés comme par instinct vers un meilleur avenir, désirent avec raison travailler à éclairer les populations sur leurs véritables intérêts, et à les diriger dans la voie qui doit être la plus avantageuse au bien-être de tous, voie de paix, d'industrie et de concorde, dans le but de prévenir ces sanglantes collisions qui n'ont que trop souvent affligé les véritables amis du pays, et d'éviter des secousses fâcheuses que la disposition actuelle des esprits pourrait faire appréhender, et qui deviendraient funestes au bonheur de la nation comme à ses libertés, la presse départementale, qui s'étend du Rhin aux Pyrénées, exerce aujourd'hui une si grande influence sur nos mœurs, nos opinions et nos doctrines politiques, qu'elle nous a toujours paru un des moyens les plus efficaces d'obtenir des résultats prompts et avantageux. Cette considération, dégagée en nous de tout sentiment d'amour-propre ou d'intérêt personnel et de toute pensée contraire à l'ordre social, a seule déterminé la fondation de l'Office-Correspondance pour les journaux des départemens et des pays étrangers;

elle a été la base des principes de loyau-
té et d'indépendance qui ont présidé à
sa direction, et la cause de son succès ;
dans tout ce que nous avons dit ou
écrit, nous n'avons consulté que le
désir d'être utiles et nous n'avons suivi
d'autres inspirations que celles de notre
conscience, sans jamais chercher à
froisser soit des opinions, soit des
croyances, toujours respectables à nos
yeux du moment où elles sont sin-
cères.

J. BRESSON ET BOURGOIN.

Paris, ce 1er. septembre 1832.

OUVRAGES

PUBLIÉS

Par M. Jacques BRESSON,

MEMBRE DE PLUSIEURS SOCIÉTÉS SAVANTES,

L'UN DES DIRECTEURS

DE L'OFFICE-CORRESPONDANCE

POUR LES JOURNAUX FRANÇAIS ET ÉTRANGERS.

HISTOIRE FINANCIÈRE DE LA FRANCE, depuis l'origine de la monarchie jusqu'à l'année 1828 ; précédée d'une Introduction sur le mode d'impôt en usage avant la révolution ; suivie de Considérations sur la marche du crédit public, et les progrès du système financier, et d'une Table analytique des noms et des matières. Deux forts volumes in-8°., avec des Tableaux, imprimés avec le plus grand soin, sur papier fin. Prix : 15 fr.

DES FONDS PUBLICS FRANÇAIS ET ÉTRANGERS, ET DES OPÉRATIONS DE LA BOURSE DE PARIS, ou RECUEIL contenant : 1°. des détails sur les Rentes 3 pour °/₀, 4 pour °/₀, 4 1/2 pour °/₀ et 5 pour °/₀ consolidés, la Caisse d'amortissement, les Bons royaux, les Actions de la Banque, les Rentes de la ville de Paris, les Actions des ponts, les Actions du canal du Rhône au Rhin, du canal de la Somme, du canal des Ardennes, du canal de Bourgogne, du canal d'Arles à Bouc, les Actions des Quatre-Canaux, de la navigation de l'Oise, les Actions des diverses Compagnies d'assurances, des Salines et Mines de sel de l'Est, les Actions des Chemins de fer, des Sociétés, Entreprises financières et industrielles, etc., etc. ; les Règles pour calculer ces mêmes fonds et évaluer l'intérêt que rapporte chacun d'eux ;

2°. Des notions exactes sur les Rentes de Naples, les Fonds espagnols, les Métalliques d'Autriche, l'Emprunt d'Haïti et autres fonds étrangers, etc., etc. ; les Règles pour calculer ces mêmes fonds , et évaluer l'intérêt que rapporte chacun d'eux ;

3°. Les diverses manières de spéculer soit à la hausse , soit à la baisse , les Opérations à primes , les Opérations d'arbitrages sur effets publics , les Reports et leur utilité pour la spéculation , les Escomptes , les Prêts ou Emprunts sur dépôts d'effets publics , etc.

SIXIÈME ÉDITION, totalement refondue, beaucoup augmentée, et rédigée conformément aux affaires actuelles de la Bourse. Un fort volume in-12 , avec des tableaux. Prix : 3 fr. 50 c.

DE LA LIQUIDATION DES MARCHÉS A TERME , A LA BOURSE DE PARIS , ouvrage

contenant des détails sur la Méthode des compensations , la Circulation et l'Endossement des noms , les Délégations, la Balance générale de feuilles de liquidation , les Paiemens et les Livraisons d'effets publics, etc. , etc. , avec un *Aperçu* sur les FONDS PUBLICS ANGLAIS , faisant connaître la nature et l'état actuel des Rentes 3 pour °/₀ consolidés , 3 pour °/₀ réduits , 3 1/2 pour °/₀ nouveaux, 4 pour °/₀, Annuités à vie, Annuités longues, Effets de la Banque , Fonds de la Compagnie de la mer du Sud , Fonds de la Compagnie des Indes , Bons des Indes , Billets de l'Echiquier , Fonds d'amortissement, etc., etc. ; *suivi de développemens* sur le mode de liquidation en usage aux Bourses de Londres, d'Amsterdam et de Francfort, avec des *Considérations* sur l'influence que les marchés à terme en Fonds publics doivent exercer sur le crédit en général et les intérêts commerciaux de chaque pays. Un volume in-12 , prix : 2 fr.

LA RENTE IRA-T-ELLE AU PAIR? Paris, 1821. Brochure in-8°. , prix : 1 fr.

DE L'INFLUENCE DE LA VENTE DE 23,114,516 fr. DE RENTES SUR LE COURS DES EFFETS PUBLICS. Paris , 1823. Brochure in-8°. , prix : 1 fr. 50 c.

AVIS AUX 340,000 PROPRIÉTAIRES DE RENTES 5 POUR °/₀ , SUR LA CONVERSION EN RENTES 3 POUR °/₀. Paris, 1825. Brochure in-8°. , prix : 1 fr.